『大观南京』丛书（第一辑）

主编◎曹劲松

南京红色地名

南京市行政区划地名协会 编

南京出版传媒集团 南京出版社

图书在版编目（CIP）数据

南京红色地名 / 南京市行政区划地名协会编. -- 南京：南京出版社, 2023.4
ISBN 978-7-5533-4132-3

Ⅰ. ①南… Ⅱ. ①南… Ⅲ. ①地名－介绍－南京
Ⅳ. ①K925.31

中国国家版本馆CIP数据核字（2023）第053413号

书　　名　南京红色地名
编　　著　南京市行政区划地名协会　编
出版发行　南京出版传媒集团
　　　　　南 京 出 版 社
社址：南京市太平门街53号　　邮编：210016
网址：http://www.njcbs.cn　　电子信箱：njcbs1988@163.com
联系电话：025-83283893、83283864（营销）　025-83112257（编务）

出 版 人　项晓宁
出 品 人　卢海鸣
责任编辑　杨淑丽
装帧设计　赵海玥
责任印制　杨福彬

排　　版　南京新华丰制版有限公司
印　　刷　南京凯德印刷有限公司
开　　本　787 毫米 × 1092 毫米　1/32
印　　张　3.75
字　　数　60千字
版　　次　2023年4月第 1 版
印　　次　2023年4月第 1 次印刷
书　　号　ISBN 978-7-5533-4132-3
定　　价　28.00 元

用微信或京东APP扫码购买

用淘宝APP扫码购买

前 言

南京是著名的历史文化古城，同时，也是一座英雄的城市。尤其在中国近现代革命史中，这里上演了多少可歌可泣的动人故事，留下了多少感人肺腑的红色底片。

这些或是传奇故事，或是革命遗址，或是纪念馆的红色底片，犹如一颗颗璀璨的珍珠，散落在南京的城市街头、工厂、学校以及农村的山岗和田间地头，无声地向后人讲述着早期中国共产党人在不同时期的奋斗历史、革命故事。它们共同构成了红色南京靓丽的底色。

在雨花台烈士纪念馆，我们看到了邓中夏、恽代英、罗登贤等一大批革命先烈，为了推翻旧的腐朽统治，建立新中国，甘愿抛头颅，洒热血，坚贞不屈，大义凛然，献出了宝贵的生命。

金牛山、云台山、桂子山、游子山、横山……大江南北的抗日遗址，向我们再现了当年中共领导的新四军保家卫国、英勇抗日的壮烈场景。

百万雄师过大江、“三浦”战役那样的壮举，南京电信局等中共地下组织与敌人的机智斗争，还有梅园新村等旧址都在讲述着解放战争期间，那个风云诡谲的年代里，中共领导人是怎样与国民党统治者斗智斗勇，最终赢得胜利的。

习近平总书记2014年在视察江苏时强调：要把红色资源利用好、把红色传统发扬好、把红色基因传承好。基于此，我们特选编此本《南京红色地名》。

这些红色文化是我们取之不尽、用之不竭的重要资源和精神力量。在当前全党全国各族人民迈上全面建设社会主义现代化国家新征程的进程中，红色文化必将为中华民族的崛起和伟大复兴注入强大精神动力。

同时，我们也只有牢记先烈遗志，传承先烈精神，不忘初心和使命，方能实现我们民族的伟大复兴。

目录

革命遗址和纪念地类

革命事件类

革命人物类

基础设施类

革命遗址和纪念地类

雨花台烈士陵园

烈士就义群雕

位于雨花台区雨花路215号。自1927年蒋介石发动四一二反革命政变到1949年新中国成立前夕，雨花台成了国民党屠杀共产党人和爱国人士的刑场。22年中，成千上万的共产党员、爱国人士在此被杀害。1949年12月，为了缅怀革命先烈，南京市第一届第二次各界人民代表会议决定在雨花台建造烈士陵园。雨花台烈士陵园包括雨花台主峰等5个山岗，以主峰为中心形成南北向中轴线，自南向北有广场、纪念馆、革命烈士纪念碑、北殉难处烈士大型雕像、北大门以及西殉难处烈士墓群、东殉难处烈士纪念亭等。

浩气永驻雨花台

邓中夏是中国工人运动的开创者，对于指导和总结中国工人运动的学术研究做出了较大贡献。

邓中夏是五四运动的主要组织者，中共领导的革命政权，从邓中夏等领导省港大罢工起建立了雏形。当年在北大红楼，培育出了中国共产党第一批精英，邓中夏正是其中之一。

1933 年 5 月，邓中夏不幸被捕，被押到南京。国民党企图挑拨他对共产党不满："你是共产党的老前辈，现在却遭到莫斯科回来的那些小辈欺压，连我们都为你感到不平！"邓中夏轻蔑地回答："这是我们党内的事，你有什么权力过问？一个患深度杨梅大疮的人，有资格嘲笑偶尔伤风感冒的人吗？"

狱中秘密党支部派人在放风时间问他："大家想知道你的政治态度怎样？"邓中夏一听连忙说："问得好！请告诉同志们，我邓中夏就是烧成灰，也是共产党人！"

1933 年 9 月 21 日夜，邓中夏正气凛然地唱着雄壮的《国际歌》走向了雨花台，成为在那里牺牲的万千烈士之一。

雨花英烈们视死如归的大无畏精神将永远激励我们每一个后来人不忘初心，踔厉前行。

云台山抗日烈士陵园

云台山抗日烈士陵园纪念碑

位于江宁区横溪街道云台山东麓，为纪念在云台山战斗中牺牲的65名新四军官兵而建。1939年2月25日，新四军第二支队第三团一营近百名战士，奉命赴江宁镇一带破坏敌人的京芜铁路，因消息走漏遭到六路日伪军包围。突围时，一营损失惨重，牺牲65人。战斗结束后，当地群众将烈士遗体掩埋在云台山脚下。1964年5月，兴建了云台山新四军抗日烈士墓。2006年，墓园重修后更名为云台山抗日烈士陵园。

突围云台山

1939 年 2 月 25 日，新四军第二支队第三团一营近百名战士在营长邱立生、营教导员王荣春的率领下，奉命赴江宁镇一带执行破坏敌占区京芜铁路的任务，途中因情况发生变化便悄悄折回云台山后石塘村。可这一切被日军情报人员发现，是夜，日军集结了日伪军 500 多人，兵分六路，合围云台山区，偷袭新四军。

2 月 26 日拂晓，日军逼近曾庄，新四军为了不连累村民，保护当地群众的生命财产，一营领导人当机立断，决定迅速突围，翻山转移到安徽境内。按照战斗部署，全体指战员一边组织还击，一边冒着枪林弹雨，沿曾庄西北一条小路分散突围，直冲云台山顶。经过四个小时反复冲锋，新四军战上们用鲜血和生命铺开了突围之路，有一部分干部和战士杀出重围。但在云台山突围战斗中，一营损失惨重，牺牲 65 人，伤 20 人。日伪军被新四军毙伤 40 多人。

桂子山烈士陵园

桂子山烈士陵园纪念碑

位于六合区金牛湖街道茉莉花村。1943年8月，新四军第二师第五旅第十三团奉命在安徽天长一带整训。8月16日第十三团接到日军将“扫荡”抢粮的情报，17日第十三团利用有利地形迎击敌人。日军一面将部队收缩在六冶公路两侧的制高点，一面令后援部队抢占桂子山山头。占领桂子山主峰和无名高地的敌人，疯狂封锁第十三团二营和后续部队的前进道路。第十三团在丁家山头和无名高地与日军展开了激烈的争夺战。1956年，六合县人民政府将散落各地的烈士墓集中，建立了桂子山烈士陵园。

抗击敌顽保秋收

1943年8月，秋收在望。为保卫即将丰收的粮食免遭日军的抢夺，新四军第二师第五旅第十三团奉命集中在安徽天长一带进行整训，并负责保卫天长、六合一带群众的秋收任务。8月15日，驻南京的日军六十一师团小田大队，纠集日伪军800余人侵占八百桥镇，妄图抢粮。

17日拂晓，新四军第二师第五旅第十三团参谋周本荣、五连连长彭家祥率侦察队和五连在八百桥镇北的和尚庄、徐庄与敌人相遇，当场打死数名日伪军并活捉了两名日军。战斗的枪声很快就引来了敌我双方的增援部队。在桂子山，新四军战士顶着敌人猛烈的炮火，不怕牺牲、顽强战斗，多次与日军展开白刃战。直到下午4时许，增援的新四军第二师第五旅特务营赶到，日军溃逃。

这次战斗，日伪军遭到重创，死伤300多人，但新四军副团长陈宗胜、团政治处副主任李秉初等122名指战员英勇牺牲。

游子山烈士陵园

游子山烈士陵园烈士墓

位于高淳区东坝镇环山路6号游子山南麓。1933年，中共高淳第一个党支部在烈火中诞生。1938年6月，新四军“东征初抵高淳”，广大军民同仇敌忾、前仆后继，与日伪顽展开殊死斗争。新四军北撤后，高淳人民不屈不挠，坚持斗争，抗丁、抗捐、抗粮，迎接大军渡江，众多革命志士献出了宝贵生命。为了纪念他们，1994年兴建了游子山烈士陵园。

溧高、东坝战役大捷

1943年9月28日，日伪军集结2万余兵力，3天之内相继占领溧阳、广德、郎溪、宣城4座县城。为巩固溧水、高淳抗日阵地，有依托地向郎溪、广德地区伸展，新四军第十六旅政委江渭清、副旅长钟国楚决定，于11月20日发起溧高战役。

是役由东流、新桥、漆桥、张沛桥等战斗组成，激战4日，全线告捷，仅漆桥、张沛桥战斗共俘虏伪军副师长及其官兵便达160余人，击毙伪中校参谋以下40余人，缴获长短枪150余支。

至1945年，为扫清障碍，扩大解放区，以新四军苏浙军区第一纵队司令员王必成、政委江渭清指挥为主，发起东坝战役，在溧高、宣当地区长达30公里的战线上向日伪军发动进攻。

8月9日晚，参战部队分别进入阵地，并于当夜23时向日伪军发起总攻，至11日晨胜利结束。

是役，共攻克大小日伪据点24处，摧毁敌堡50多座，消灭日伪军1800多人，缴获大量军用物资。东坝战役的胜利使溧高、宣当、郎广3块抗日根据地连成一片，出现了纵横数百里无日伪军的大好形势。

中国共产党代表团梅园新村纪念馆

梅园新村

位于玄武区汉府街18-1号。1978年1月正式对外开放，馆名由原国家主席杨尚昆题写。1946年5月至1947年3月，以周恩来为代表的中共代表团在梅园新村与国民政府进行了长达10个月的谈判，对加速解放战争的胜利和迎接新中国的诞生，做出了重要贡献。目前，纪念馆占地面积4600平方米，由中国共产党代表团办事处旧址、国共南京谈判史料陈列馆、周恩来铜像、周恩来图书馆组成。

梅园风范，万古长青

1946年5月，国民党政府还都南京。5月3日，周恩来率领中共代表团也由重庆赶来南京，继续与国民党政府进行和平谈判。梅园新村17号、30号、35号就是中国共产党代表团在南京与国民党政府进行和平谈判期间的机关驻地。

在1946年5月至1947年3月长达10个月的谈判时日中，以周恩来为代表的中共代表团与国民党政府进行了艰苦卓绝的谈判斗争。

中共代表团在南京谈判期间，坚定地执行党中央的指示，主要围绕“力控中原战火”“调停东北内战”“谈判黄河归故”“抵制‘国大’召开”“开展宣传工作”“开辟第二战场”等内容开展工作。这场谈判，体现了代表共产党人的周恩来同志坚定、沉着、睿智、从容的革命家风度，展示了中国共产党人以民族大义为重，在国统区广泛地领导和开展爱国民主运动，揭露了蒋介石“假和平、真内战”的阴谋，为最终推翻国民党统治，奠定了坚实的政治基础和广泛的群众基础，对加速解放战争的胜利和迎接新中国的诞生，做出了重要贡献。

渡江胜利纪念馆

渡江胜利纪念馆全景

位于鼓楼区渡江路1号。1984年4月，为纪念渡江战役胜利暨南京解放35周年，南京市人民政府在挹江门城楼上建立渡江胜利纪念馆。2009年4月23日，为纪念渡江战役胜利暨南京解放60周年，移至现址建成渡江胜利纪念馆新馆。主馆区使用仿木结构的外立面，并做成“木船”形状，寓意“驶向胜利之船”。纪念广场上矗立着大型“千帆竞渡”群雕。群雕共分为6组，呈红色直线柱体形式，截面为红色五角星。其中最高的一根红色立柱长49.423米，象征着1949年4月23日南京解放。纪念馆常设展览为“天翻地覆慨而慷——渡江战役胜利暨南京解放展”，由“运筹帷幄坚决‘打过长江去’”“决战千里百万雄师过大江”“军民团结接管城市开新局”“革命到底宜将剩勇追穷寇”“见证胜利渡江精神世代传”五部分组成，翔实生动地再现了人民解放军取得渡江战役胜利和南京解放的光辉历程。

“打过长江去，解放全中国！”

继辽沈、平津、淮海三大战役之后，国民党军主力基本被消灭，国民党政府在政治、经济和军事上都已陷入危局。蒋介石将剩余兵力调至江南，企图依靠长江天堑“划江而治”。

1948 年 12 月 30 日，新华社发表毛泽东的新年献词“将革命进行到底”，并提出了“打过长江去，解放全中国”的战斗号召。

1949 年 4 月 20 日起，人民解放军第二、第三野战军在第四野战军先遣兵团和中原军区部队配合下，在东起江阴西至湖口的千里江面上，百万雄师分三路发起了渡江战役。战役打响后，人民解放军以木帆船为主要航渡工具，一举突破了国民党海陆空军联合封锁的长江航线，仅用三天即在 4 月 23 日便占领了国民党统治中心南京，随后迅速解放了杭州、上海等地。整个战役历时 43 天，歼敌 43 万余人。

渡江战役的胜利宣告了蒋家王朝的覆灭，大大加快了全国解放的进程。

八路军驻南京办事处纪念馆

八路军驻南京办事处纪念馆

位于鼓楼区青云巷41号（原傅厚岗66号），即原八路军驻南京办事处旧址，是一座三层楼的花园洋房。抗日战争全面爆发前后，在中国共产党倡导下，国共两党为建立抗日民族统一战线，进行了长期会谈。1937年8月，周恩来、朱德、叶剑英应邀到南京参加国防会议，并与国民党当局谈判。八路军驻南京办事处是中国共产党领导的军队在国民党统治区设立的第一个公开办事机构。1987年10月，八路军驻南京办事处纪念馆建成并正式对外开放，成为南京爱国主义、革命传统教育的重要阵地。

推动国共合作，共同抗日

1937 年“七七事变”爆发后，挽救中华成为全民族的头等大事。中国共产党人以大局为重，向国民党表示：红军愿意改编为国民革命军，随时准备抗日。

8 月 9 日，中共中央红军代表周恩来、朱德、叶剑英应邀到南京参加国防会议，与国民党进行谈判。8 月 13 日，淞沪会战爆发，蒋介石迫于时局与民众的压力，8 月 18 日同意将红军主力改编为八路军。双方达成协议后，周恩来、朱德飞返陕西，叶剑英和秘书童小鹏留在南京组设八路军驻南京办事处，办公地点设在傅厚岗 66 号。

办事处的主要任务有：继续同国民党谈判；宣传共产党的抗日救国纲领和八路军的战绩；发展和巩固抗日民族统一战线；恢复、建立长江流域和华南各地的党组织；向国民党政府军事机关领取军饷、军械、医疗药品和其他军用物资；采购陕甘宁和八路军缺乏的物资；搜集抗日战争情报；筹集出版《新华日报》等。

八路军驻南京办事处为实现第二次国共合作，建立、巩固抗日民族统一战线，打败日本侵略者，做出了不可磨灭的贡献。

南京工运纪念馆

南京工运纪念馆外景

位于浦口区顶山街道南门浴堂街34号，即两浦铁路工人二七大罢工指挥所旧址。1921年3月，中国早期工人运动领袖王荷波在浦镇机厂工人中成立了中华工会，在此办公，为南京地区第一个中共组织浦镇党小组主要活动地。1923年2月，王荷波在此召开紧急会议，决定声援京汉铁路大罢工，从2月8日起两浦铁路工人举行大罢工，指挥所设于此。2011年5月，指挥所旧址被改造为南京工运纪念馆。

浴堂街 34 号

这本是一个普通的浴室，但从 1921 年 3 月起，它却成为浦镇机厂“中华工会”的活动场所，是南京地区最早的工人组织诞生地。1922 年，以王荷波同志为组长的南京地区第一个党小组，也是在这里诞生的。

1923 年 2 月 7 日至 9 日，中国共产党早期的领导人王荷波和党的其他同志，就是在这里，领导并亲自指挥着两浦铁路工人的大罢工。

为了声援京汉铁路工人大罢工，同时要求改善津浦铁路工人的待遇，王荷波等党员干部在浴堂街 34 号设置罢工指挥所。经商议决定，在 2 月 8 日这一天，实行两浦铁路总罢工，并通过津浦铁路局向当局提出加薪等条件。

罢工使得津浦铁路南端的交通全部中断，当局只好派人去与王荷波等人谈判。经过谈判，他们答应了工人们提出的部分要求。为避免造成又一场京汉铁路流血惨案，王荷波等领导分析时局，果断地做出了复工的决定。

这次“两浦”铁路工人罢工，既声援了京汉铁路工人大罢工，展现了两浦工人的革命实力，也为日后的革命斗争留下了火种。

竹镇市抗日民主政府纪念馆

竹镇市抗日民主政府旧址

位于现六合区竹镇镇市府街19号，是一座坐东朝西老式砖木结构四合院，原为竹镇市抗日民主政府旧址，现为竹镇市抗日民主政府纪念馆。竹镇是革命老区，1939年8月，新四军第五支队在罗炳辉司令员的率领下挺进竹镇，开辟了以竹镇为中心的抗日根据地。1942年8月，经淮南行署批准，建立中共竹镇市工作委员会，同时成立竹镇市抗日民主政府。

红色根据地竹镇

1937 年 12 月 13 日，日本侵略者攻占南京城并进行了惨无人道的血腥大屠杀，12 月 16 日六合县城沦陷，凶残的日军对六合城进行烧杀抢夺，六合人民生活在水深火热之中。

1939 年夏，新四军第四支队第八团二营在方毅、朱绍清率领下，进入竹镇一带，开始进行侦查、宣传等工作，揭开了新四军挺进六合城的序幕。是年冬，新四军第五支队罗炳辉司令员率部首战老古墩取得胜利，鼓舞了人心、振奋了士气，竹镇也逐渐成为新四军的重要根据地。1942 年 8 月 26 日，淮南行署批准建立中共竹镇市工作委员会，同时成立竹镇市抗日民主政府。

竹镇市抗日民主政府成立后，为了解决根据地财政困难和人民生活问题，保证根据地军民的生活供给和军工物资、部队装备等一系列实际需要。抗日民主政府带领根据地人民自力更生，发展经济，节约开支，增加财政收入，粉碎了日伪军的经济封锁。

1945 年，随着抗日战争的胜利，抗日民主政府也完成了历史使命，8 月份奉命撤销。1946 年，随着新四军北撤，抗日民主政府旧址遭到国民党反动派的肆意破坏。

苏南反顽战役纪念馆

苏南反顽战役阵亡将士纪念塔

位于溧水区白马镇回峰山麓。为纪念在苏南反顽战役中牺牲的179名烈士，1985年建造了苏南反顽战役阵亡将士纪念塔。2003年，为纪念苏南反顽战役胜利60周年，建造了苏南反顽战役纪念馆。纪念馆展陈内容主要涵盖苏南反顽战役的背景、经过、战役后溧水的形势及英雄人物等四个方面，清晰地展示了中国共产党领导的新四军与溧水军民团结一致、反顽抗日的战斗历程。

新四军绝地反击苏南顽敌

苏南新四军的发展壮大，引起了国民党顽固派的恐慌，顽军大肆宣传反共，妄图制造第二个皖南事变。

1943 年 4 月 9 日，顽军调来共 12 个团约 1.5 万人，步步逼近。新四军第十六旅遵照上级指示，迅速调整部署，准备反顽作战。

12 日凌晨，顽军悍然向苏南党政军领导机关驻地溧水新桥中心区发起进攻，开始炮击曹山。新四军第十六旅和抗大九分校 5000 余人奋起反击。13 日傍晚，第十六旅主力从东线返回，向回峰山、北经巷发起进攻。守敌完全没有料到，被打得措手不及，一部分溃逃，大部分被歼。14 日午夜，各突围部队按照规定向指定的敌后地区转移。第二天天明，国民党顽军从东、西、南三路合拢而来，可新四军第十六旅在王必成的率领下早已转移。

这次反顽战役，历时三天，英勇打击了来犯的顽军。此役共消灭顽军 2000 余人，新四军也付出了较大代价，伤亡 300 余人，其中壮烈牺牲的有 179 人。

南京大学革命烈士纪念碑

南京大学革命烈士纪念碑

位于鼓楼区汉口路 22 号南京大学北苑内。南京大学不仅有悠久的历史，而且具有光荣的革命传统。20 世纪 20 年代初，一批共产主义先驱就在此传播马克思主义学说。1947 年 5 月 20 日，国立中央大学（今南京大学）学生发起了“反饥饿、反内战、反迫害”的五二〇爱国学生运动。为了永远缅怀革命先烈，1982 年在南京大学成立八十周年之际，师生筹资建造了这座革命烈士纪念碑，碑身正面写有“革命烈士永垂不朽”八个大字，背面镌刻谢远定等 21 位烈士简历。

铁骨丹心昭杏坛

南京大学作为百年名校，教育部直属全国重点大学，不仅有悠久的历史和非常显赫辉煌的过去，而且具有光荣的革命传统，她始终与国家和民族的命运紧密相连，与时代和社会的变革息息相关。早在五四运动时期，南京大学的前身南京高等师范学校就是南京地区爱国学生运动的中坚力量。20世纪20年代初，一批共产主义先驱就在这里热情传播马克思主义学说。抗日战争时期，以中央大学著名教授潘菽、梁希、金善宝等为主体的“自然科学座谈会”和“民主科学座谈会”，高扬民主、科学精神，为坚持团结抗战和争取民主而奔走呼吁，不懈斗争，后来发展成为与中国共产党“肝胆相照，荣辱与共”的九三学社。而沦陷区的伪中央大学学生，也冲破黑暗发起了声势浩大的“禁毒运动”。

在解放战争时期，国立中央大学的进步师生始终站在爱国民主运动的前列。1947年5月20日，国立中央大学学生发起了声势浩大的“反饥饿、反内战、反迫害”的五二〇青年学生爱国民主运动。

20世纪以来先后为革命事业英勇献身的南大师生有谢远定、吴肃、宛希俨等29位烈士。他们是教育战线上的革命先驱，为中华民族的自由和解放做出了不朽的历史贡献。

晓庄革命烈士纪念碑

晓庄革命烈士纪念碑

位于栖霞区晓庄行知路 1 号行知园内。1927 年 3 月，著名教育家、思想家陶行知在南京北郊劳山脚下，创办了南京试验乡村师范（即晓庄师范）。1928 年，晓庄师范建立了党支部和共青团组织，领导学生参加革命活动，一些进步师生遭到国民党反动派逮捕和屠杀。1951 年 3 月年 15 日，南京晓庄师范 24 周年校庆时，全校师生员工为纪念晓庄英烈，在陶行知墓地附近建了一座纪念碑，1997 年学校又予以重建，并由原国务委员、中顾委常委、晓庄老校友张劲夫题写碑文“晓庄革命烈士永垂不朽”，纪念碑底座写有十位英烈的姓名和生卒年月。

晓庄革命烈士永垂不朽

1927 年 3 月，陶行知先生在南京北郊劳山脚下，创办了“生活教育”理论的第一个试验基地——南京试验乡村师范(即晓庄师范)。就在学校创办将届满月时，蒋介石于 4 月 12 日发动了“反共清党”运动，以晓庄师范为代表的新兴乡村师范学校，收留了一大批逃亡的共产党员和左翼知识分子。至 1928 年，他们在中共南京市委指导下，秘密成立晓庄师范党支部及共青团支部。

在党、团组织积极运动和支持下，晓庄师范先后创办了农民夜校、中心茶园、木工厂和乡村医院，成立了联村自卫团、联村救火会、禁毒禁赌会等，开展了公共卫生和公共体育运动。晓庄师范党、团组织也发起了一系列革命活动，给国民党当局造成巨大压力。1930 年 4 月 12 日，国民党当局查封晓庄师范，通缉陶行知。中共南京地下组织遭到前所未有的破坏，仅晓庄师范就有 30 多人被捕，石俊、叶刚、郭凤韶、袁咨桐、姚爱兰、谢纬棨、沈云楼、胡尚志、汤藻、马名驹等 10 名学生党员和共青团员先后被枪杀于雨花台刑场。10 位晓庄英烈牺牲时,年龄最大的石俊23 岁,最小的袁咨桐仅16 岁。

浦口革命烈士纪念碑

浦口无名烈士纪念陵园

位于浦口区江浦街道求雨山顶。1949 年 4 月 20 日，人民解放军接到命令，发起“三浦”战役，解放江浦、浦口和浦镇，以拔除敌人在江北最后的“桥头堡”。此役，解放军 250 余人英勇牺牲。为纪念在战斗中牺牲的指战员们，铭记先烈们的丰功伟绩，1957 年 4 月，在江浦县凤凰山建立革命烈士纪念碑。1999 年 4 月，易地在求雨山顶重建纪念碑。

“三浦战役”——拉开解放南京的序幕

“三浦”(即江浦、浦镇、浦口)战役是渡江战役的前奏和重要组成部分。为粉碎国民党企图与共产党“划江而治”的图谋，确保打赢这场重要战役，胜利渡江，解放南京，第三十五军在江浦山北地区进行了充分准备。

1949年4月20日15时55分，随着党中央和渡江战役总前委向第三十五军下达了发动“三浦战役”的命令，第三十五军一〇三师所属三〇七团、三〇八团、三〇九团，对国民党第二十八军重兵把守的江浦县形成合围态势，解放江浦县城的战斗首先拉开了序幕。21时整，解放江浦县城战斗总攻开始。至21日凌晨，守城敌军凭借坚固的城墙工事拼死抵抗，我军战士浴血拼杀，虽多次突击、爆破，但均未能攻破城垣。

21日凌晨3时前后，一〇三师全线突击，全体指战员视死如归，浴血奋战。上午8时，江浦县城宣告解放。战斗中，解放军一〇三师牺牲250多人，伤500多人，歼敌500多人、俘敌1000多人。

“三浦”战役的胜利，使得南京的北大门洞开，为人民解放军正面渡江扫清了障碍。

五二〇学生运动纪念广场

纪念五二〇学生运动碑

位于玄武区长江路与洪武路交会处东南侧。1947 年 5 月 20 日，南京、上海、苏州、杭州地区 16 所专科以上院校学生 6000 余人汇集南京，举行“反饥饿、反内战、挽救教育危机”的联合大游行，遭到国民党宪警镇压，受伤学生 100 多人，重伤 19 人，20 多人被捕。2007 年，玄武区人民政府为纪念这一重大事件，在现址建成五二〇学生运动纪念广场。广场内以举起“反饥饿、反内战、反迫害”大旗的游行学生为原型设计的 36 尊青铜雕像，成为醒目的标志。

“反饥饿、反内战、挽救教育危机”

1947 年 5 月 20 日，国民党当局对举行反饥饿、反内战游行的学生采取暴力手段，制造五二〇血案。

由于国民党政府把大量教育经费挪用于内战，使得国民党统治区的教育危机日趋严重。5 月 20 日，南京、上海、苏州、杭州地区 16 所专科以上学校 6000 余名学生在南京中央大学会合后，举行“反饥饿、反内战、挽救教育危机”联合大游行。当游行队伍向正在举行“国民参政会”的国民党大会堂进发时，在珠江路口遭到国民党宪警的镇压，被宪警用水龙喷射和棍棒、皮鞭殴打。学生重伤 19 人，轻伤 104 余人，被捕 20 余人，这就是五二〇血案。

惨案发生后，在中国共产党正确方针的指引下，以五二〇运动为高潮，“反饥饿、反内战、反迫害”运动扩大到国民党统治区 60 多个大中城市，形成了人民大革命的第二条战线。人民解放军的作战和国民党统治区人民的斗争这两条战线上的胜利，使蒋介石政府处于全民的包围之中。5 月 30 日，新华社播发了毛泽东就五二〇学生运动撰写的评论文章《蒋介石政府已处在全民的包围中》。

江南贡院明远楼

20 世纪 20 年代的江南贡院明远楼

位于南京市秦淮区夫子庙街道金陵路 1 号，是南京第一个总工会成立地。始建于南宋，明清时期，每年的乡试、会试都在此处举行。1927 年 3 月国民革命军北伐占领南京后，中国共产党积极组织人民群众，组建各行各业工会，3 月 25 日，200 多个基层工会派代表参加南京工人代表大会，宣布南京市总工会成立。大会选举出执行委员会，成立工人纠察队，总工会和工人纠察队办公机关设在明远楼。

慎终追远，民德归厚——江南贡院明远楼

江南贡院不仅是中国保留的最古老的一座古代考场，而且也是南京第一个总工会成立地。

1927 年国民革命军北伐期间，以李富春、林伯渠为党代表的第二、六军占领南京后，积极组织人民群众，组建各行各业工会。3 月 25 日，在江右军和中共南京地委书记谢文锦的领导下，200 多个基层工会派代表参加南京工人代表大会，宣布南京市总工会成立。昔日的科举考场，成为北伐时期南京工人运动的中心。

4 月 10 日上午 9 时，蒋介石指使数百名侦缉队员和“劳工总会”的流氓，对共产党员和进步群众举起了屠刀，打死手无寸铁的群众数十人，伤者无数，场面惨不忍睹。当晚 11 时，中共南京地委在大纱帽巷 10 号召开紧急扩大会议，国民党反动派便衣武装 50 多人包围会场抓捕与会人员。三天后，谢文锦等人惨遭杀害。

南京市第一个总工会虽然仅存了 10 多天，但是在中国工人运动的历史上留下了浓墨重彩的一笔。

南京电信局旧址

南京电信局旧址

位于南京市秦淮区游府西街8号，是中共地下组织革命斗争地，占地面积1600平方米。南京电信局的前身是南京电报局、南京电话局和南京无线电台。1930年2月南京电报局建立中国共产党支部。1931年11月，南京无线电台建立中共地下支部。1946年6月，南京电信局建立党小组，到1948年10月，党员已发展至32人。

看不见的战线——南京电信局中共地下组织

早在1930年2月南京电报局就建立了中国共产党支部，开展地下工作。之后，由于党在白区斗争的曲折复杂和敌人的残暴，党的地下组织活动一度中断。

1943年初，中共苏南区委指派鲁平进入南京汪伪中央通讯社，发展党员，中断九年的党组织活动得以恢复。1946年6月，中共南京地下组织建立党小组。1948年10月党员已发展至32人，成立南京电信局总支部委员会，下设党公巷、杨将军巷两个支部。由于工作环境险恶，为安全计，于1948年11月又成立与总支委员会互不交叉、互不发生横向关系的另一个支部。

电信局的地下组织的主要任务是开展经济斗争，团结教育群众，打击反动势力，扩大进步力量，搜集敌方情报，在斗争中不断发展党的组织。

在1949年南京解放前夕，电信局党总支按照上级组织的要求，秘密宣传党的有关政策，争取大多数技术人员和员工留下来，维护了通信电路畅通，把全局的通信机器、设备、器材、物资，完整地移交到了人民手中，取得护局斗争的胜利。

新四军第一支队指挥部旧址

新四军第一支队指挥部旧址

位于南京市江宁区横溪街道横山社区上庄村。占地面积400余平方米，建筑面积约128平方米。1938年6月，新四军第一支队到达江宁横山地区，在横山村设立指挥机关，之后第一支队东移至江溧句地区，第二支队进驻横山地区接防。2017年，江宁区对旧址进行修缮，并建成江宁横山新四军第一支队指挥部旧址陈列馆对外开放。

新四军横山扫敌寇

1938年6月，新四军第一支队在陈毅率领下，由皖南进入南京高淳地区，插入江南敌后抗日。在高淳短暂停留后，陈毅决定率第一支队主力东进茅山，同时命令傅秋涛、江渭清率第一支队第一团由高淳渡过石臼湖，在江宁、当涂、溧水交界地区展开游击活动。

横山因山势险要、地形复杂，自古以来便为兵家必争之地。6月12日，新四军第一支队第一团1100余人由团长傅秋涛、副团长江渭清等率领到达江宁横山地区，指挥机关就设在横山村上庄自然村。抵达横山的第二天，第一团就派出部队，前往宁芜铁路采石至铜井段突击，破坏桥梁三座。第一团在江宁横山驻防期间，多次主动出击，在铜井、横溪、江宁镇、东善桥、西善桥等地都留下了战斗足迹。

1938年7月，第一团受命转进至溧水新桥地区，开辟江（宁）、溧（水）、句（容）抗日根据地，在新的战场上坚持抗战，连续多次破坏铁路桥，截断京沪日军运输和转移，有力配合了武汉会战。

新四军第一支队司令部旧址

新四军第一支队司令部旧址

旧址位于南京市高淳区淳溪街道当铺巷78号吴氏祠堂内。1938年6月陈毅率新四军第一支队东进抗日，由皖南到达高淳，司令部就设在吴氏宗祠内，这是新四军开辟茅山抗日根据地的第一站。吴氏宗祠占地面积为2700平方米，馆内展示了新四军在高淳活动的图片、资料和武器。

新四军挺进高淳开展敌后游击战

为配合正面战场，新四军在战术上开展敌后游击战。1938 年 5 月，新四军第一支队在司令员陈毅的率领下，从皖南岩寺地区出发，东进茅山。6 月 1 日，第一支队分 3 个纵队，从南陵越过敌人的铁路封锁线，3 日抵达宣高边境的狸头桥，4 日凌晨抵达高淳县城，分别驻扎于县城淳溪镇及其附近村庄，司令部设在吴氏祠堂内。

高淳是新四军第一支队东进抗日，进入苏南地域的第一站。陈毅在高淳期间，积极开展党的统一战线工作，走访国民党县长杨鼎侯和地方士绅，向他们宣传新四军的抗日宗旨和统一战线政策、抗日的有利条件与光明前途。6 月 5 日，国民党高淳县政府召开抗日救国民众动员大会，陈毅发表演说，宣传国内外形势及国共合作、团结抗日的主张，号召军民各界共同抗日。同时，他还深入农家了解民情，开展社会调查。6 月 7 日，陈毅告别高淳民众，率部继续东进。陈毅在高淳期间曾激情满怀，提笔疾书，写下了《东征初抵高淳》一诗。

新四军驻高淳办事处旧址

新四军驻高淳办事处旧址

位于南京市高淳区淳溪街道仓巷30号。1938年8月，为开通茅山抗日根据地和皖南新四军军部的通道，新四军第一支队政治部决定组成民运工作组，在高淳县城开展地方工作，对外称新四军驻高淳办事处。旧址总占地面积120平方米，馆内共分三部分：一是新四军驻高淳办事处场景展现；二是新四军在高淳境内的战斗情况，日军在高淳犯下的滔天罪行，以及高淳人民的抗日故事；三是新四军在全国的战斗情况。

新四军进驻高淳开辟敌后抗日根据地

1938年6月中旬，新四军先遣支队和第一支队先后进入苏南茅山根据地，8月，第一支队政治部转移到高淳县城淳溪镇一带。

1938年8月，为开通茅山抗日根据地和皖南新四军军部的通道，第一支队政治部决定组成民运工作组，在高淳县城开展地方工作，对外称新四军驻高淳办事处。1939年4月，军队领导的地方工作由地方党委接管。1939年8月31日，日军第二次占领高淳县城，为保存革命力量，新四军办事处被迫撤销。

新四军驻高淳办事处成立后，他们利用国共合作的合法身份，向广大人民群众宣传党的抗日救亡主张，在进步青年中组建“中华民族解放先锋队淳溪大队”，领导他们开展抗日救亡活动，秘密发展中共党员，建立党组织，培养抗日骨干。

新四军驻高淳办事处存在的时间虽然不长，但为高淳县城地区建立党组织做了大量的工作，为高淳地区民众坚持长期抗战打下了基础，也为东进抗日的新四军架起了通往皖南的桥梁。

横山烈士纪念碑

横山烈士纪念碑

位于江宁区禄口街道桑园社区章山东麓，占地面积2230平方米。1938年5月，新四军第一支队第一团挺进横山，开辟江（宁）当（涂）溧（水）抗日革命根据地，点燃了江南抗日烽火。为纪念抗战时期在横山地区为革命献身的烈士，以旌表先烈壮举，缅怀先烈功绩，告慰先烈英灵，传承先烈精神，江宁区人民政府于2009年8月修建了横山烈士纪念碑。

横山事变

横山是中国共产党在江宁地区建立的第一个抗日根据地。1938年5月，新四军第一支队第一团挺进横山，开辟江(宁)当(涂)溧(水)抗日革命根据地，点燃了江南抗日烽火。

1939年1月，中国国民党五届五中全会制定了消极抗日、积极反共的反动政策。在此背景下，国民党顽固派掀起了又一次反共高潮。

1940年8月2日，日伪顽敌狼狈为奸，趁我根据地新四军主力挥师北上进军苏中之际，煽动纠结地方反动组织刀会制造了横山事变。2日晨，刀会向驻扎在溧水胡家店的江当溧县委机关和新四军部队发动袭击。新四军迅速将全连部队和县委机关干部转移到横山山脉上，扼守一天，多次击退刀会的轮番进攻。入夜，新四军和县委机关干部胜利突围，转移到江溧句地区。在突围时新四军第三团王伟等10名战士与部队失去联系，惨遭敌人杀害。

石村抗日英雄纪念碑

石村抗日英雄纪念碑

位于南京市浦口区星甸街道石村社区秦山山顶，占地面积550平方米。抗日战争时期，石桥地区成为和含抗日民主根据地的组成部分。石村位于原石桥乡西部，是新四军第二师与第七师交通线上重要的联络站之一。为悼念在这里开辟、创建和保卫抗日民主根据地而光荣献身的先烈们，原石桥乡党委、政府于1997年6月在石村庙秦山山顶建立了抗日英雄纪念碑。

石村庙乔家岗围歼日伪军

抗日战争时期，石桥石村地区成为和含抗日民主根据地的组成部分。

1944 年 2 月 17 日，农历正月，百姓们正开开心心地过新年，谁知，一支 30 多人的日伪军气势汹汹地来到集市上，抢夺老百姓的粮食。百姓们迅速将这件事通报了新四军。新四军江全大队、和含支队独立大队立即组织战斗，在石村庙乔家岗日对伪军进行围歼。我军不怕牺牲，英勇奋战，最终取得胜利，毙敌 13 人（其中伪军 3 人），俘虏伪军 19 人。而在这场战斗中，和含支队独立大队中队长关日辉和江全大队八九个战士、竹棵刀会乔文钊英勇牺牲。

同年夏，中共党员，石村乡指导员邓本硕在石村庙被国民党保安团县大队长丁祥林杀害。

金牛山战斗纪念碑

金牛山战斗纪念碑

位于南京市六合区金牛湖街道金牛山南侧，建筑占地面积 103 平方米。1941 年 4 月 16 日，新四军第二师第四旅第十二团在六合金牛山一带休整，日伪军乘夜突然袭击，新四军与敌人展开反复激烈的冲杀和搏斗。金牛山反袭击战，死伤日军 200 余人、伪军 300 余人，俘虏日军 2 人、伪军 30 余人，缴获大批步枪、弹药和其他军用物资。新四军牺牲 54 人。这次战斗，作为以少胜多的反袭击战的成功战例，被载入《中国近现代史大典·军事篇》。

金牛山反袭击战大捷

1941年初，新四军第二师第四旅第十二团转战在苏皖边界的天长、仪征、扬州、六合一带，与日伪军进行反“扫荡”斗争。在取得连续作战的胜利后，于4月16日至六合金牛山一带休整，并担负保卫当地群众的夏收任务。当日晚，驻扬州日军第十二旅团一部和伪军共700余人，兵分两路向在金牛山宿营的新四军发起进攻。第十二团当即采取了“梅花桩”式部署，将敌反包围。双方进行了激烈的战斗，在金牛山附近的大陈庄、五里墩、丁岗、厉马等地多次展开冲杀和搏斗，打得敌人狼狈逃窜。经1个多小时的反复冲杀，残敌逃向仪征。

此次战斗，毙伤日军200余人，伪军300余人、生俘日军2人、伪军30余人，缴获重机枪4挺、轻机枪5挺、掷弹筒、炮弹等军用物资，取得了金牛山反袭击战的胜利。新四军二营教导员和三连连长等54人阵亡，伤64人。

这场战斗作为以少胜多反袭击战的典型范例，被收入《中国近现代史大典·军事篇》，与平型关战斗等一起载入史册。

赤山之战纪念广场

赤山之战纪念广场

位于南京市江宁区湖熟街道赤山西麓的丹桂村杜桂自然村，占地面积近500平方米。2015年抗日战争胜利70周年之际，江宁区委党史办为纪念1940年5月14日新四军在赤山伏击日军的战斗，建“赤山之战纪念广场”，广场由“赤山烽火”纪念石、“思陶亭”及文化宣传栏组成。

赤山伏击战

1940 年 5 月 13 日，新四军第二支队直属队和第四团三营在副司令员廖海涛的率领下，由句容县的葛村绕过赤山湖，转移到赤山脚下的窦家边。14 日上午 9 时许，日军南甫旅团冈本联队吉田中队大约 140 多人，携重武器向部队驻地方向开来。新四军侦察员立即向司令部报告，廖海涛决定亲自指挥这场伏击战。同时，一队日军从湖熟据点出动，沿着秦淮河堤向三岔镇方向前行。10 时许，日军进入伏击区。随着一声令下，赤山四周伏兵四起，战士们一起跳出阵地，奋不顾身地向敌人冲去。固守在凹形坟地的日军以猛烈的火力，企图阻止三营战士的进攻。我军将士英勇奋战，最终取得了战斗大捷。

这一仗打得日军措手不及，死伤近半。此次战斗共消灭日军 130 余人，生俘 2 人，缴获步枪 60 余支，机枪 2 挺，掷弹筒 2 具，九二式步兵炮 1 门。

赤山战斗，大大鼓舞了江南军民的抗日信心，挫败了骄横跋扈的日军斗志。

十月村毛主席塑像广场

十月村毛主席塑像广场

位于南京市栖霞区栖霞街道境内。1956年1月11日，毛主席视察十月村，做出了“组织起来，走合作化的道路，走共同富裕的道路”的重要指示。十月村的干部群众纷纷响应毛主席号召，发扬大无畏的艰苦创业的战斗精神，开山造田300余亩，同时大搞水利整治环境，逐步提高粮食产量。因此，十月村发生了翻天覆地的变化，农民们过上了自足的生活。1967年，在毛主席当年站立的山岗上竖立起了这座水泥塑像。

“组织起来，走共同富裕的道路”

1956年1月11日清晨，毛主席由陈毅、谭震林、罗瑞卿等人陪同乘专列从北京抵达南京，进行视察。当天，毛主席身穿银灰色中山服，脚穿棕黄色皮鞋，身材魁梧，气宇轩昂。他们一起去了南京玄武湖乡红光农业生产合作社、栖霞镇十月农业生产合作社视察。在视察十月农社的时候，毛主席健步走向山顶，对在场的社员和干部说：“走合作化的道路，让荒山变果园，让荒地变粮田。”

毛主席视察后的第三天，十月、新合、尧辰、乌龙四个高级社合并为“十月高级农业合作社”。当地干部群众积极响应号召，团结奋斗，艰苦创业，十月村由一个往年的缺粮队，变成了向国家上交2万斤粮食的富裕村，书写了“唯有凌云多壮志，敢叫旧貌换新颜”的豪迈篇章！

毛主席当年高瞻远瞩提出“组织起来，走共同富裕的道路”的号召，在中国特色社会主义新时代仍具有现实意义。

土桥烈士陵园

土桥烈士纪念碑

位于江宁区淳化街道柏墅社区，占地面积8950平方米。1938年，新四军第一支队由皖南开赴苏南敌后，开展抗日游击战争，建立中共江溧句县委。期间有周喆、邰贤聚等十几名同志，在江宁的上合、西城、祝庄等地领导人民群众开展抗敌斗争中英勇牺牲。1977年，江宁县人民政府修建了土桥烈士墓，次年修建了抗日烈士纪念碑。该纪念碑用红色大理石镶嵌，高10米，上面镌刻着“革命烈士永垂不朽”8个大字。

土桥烈士，百世流芳

1938年六七月间，新四军第一支队由皖南开赴苏南敌后，在江宁县东南部的江宁、溧水、句容三县交界处，建立了中共江溧句县委，开展抗日游击战争。其间，先后有江宁县抗日民主政府和新四军的部贤聚等十几名同志，在江宁地区开展的抗敌斗争中英勇牺牲。

新中国成立后，江宁县人民政府为纪念抗日牺牲的烈士，于1977年在土桥乡柏墅村修建烈士墓，安葬部贤聚等9名烈士。1978年，又将在抗战时期牺牲的部贤金等5名烈士移至该陵园，并修建了抗日烈士纪念碑。

2015年，江宁区群众反映，汤山街道辖区原解放军第八三医院的后山有一片坟场，可能会有零散的烈士墓穴。为全面掌握这些被安葬人员的准确信息，工作人员走访当地老人，查阅相关文字资料，经过严格审核，最终确定了此处被安葬31穴烈士墓人员大部分为解放战争中在医院因伤势过重而去世的烈士。江宁区政府在刚刚改造完成的土桥烈士陵园再次投入30万元扩建墓园，将迁移来的零散烈士集中安葬在此，让烈士入住“陵园之家”，告慰烈士的在天之灵。

颐和路社区将军馆

颐和路社区将军馆

位于南京市鼓楼区宁海路54号，建筑面积约416平方米。鼓楼区宁海路街道颐和路社区先后居住多位共和国将军。为了进一步传承老一辈革命家的精神，2008年10月，鼓楼区委区政府决定建立“颐和路社区将军馆”，随后组织人员走访老将军，搜集相关资料及实物。将军馆于2009年9月29日建成开馆，向守志将军亲笔题写了馆名，使之成为全国唯一的社区将军馆。

将军风采 熠熠生辉

鼓楼区宁海路街道颐和路社区先后居住多位共和国将军。为了进一步传承老一辈革命家的精神，2008 年 10 月，鼓楼区委区政府决定建立“颐和路社区将军馆”。展馆分别展出了共和国 63 位将军们在长征时期、抗日战争时期、解放战争时期、抗美援朝时期、和平时期的军旅生涯。

在长征时期，讲述了翻雪山、过草地的艰难时刻，担任连收容队负责人的向守志将军，用一根竹竿成功救援了十几名红军战士的故事；在抗美援朝时期，王子波、向守志、刘西元、杜平、张玉华、张纯清、张祖谅、张鹏展、林有声、钟发声、傅奎清、甄申等将军们，在战场上，他们舍生忘死，用鲜血和生命打出了国威军威，立下了不朽的功勋，他们是最可爱的人；以及老将军们在和平建设时期的晚年生活中，关心国家发展，关心青少年的健康成长，情系百姓群众，坚持老有所为的精神风貌。

这些老将军们的英勇事迹和精神风貌，是我们当代建设中国特色社会主义时期取之不尽，用之不竭的宝贵财富。

金陵兵工厂旧址

金陵兵工厂旧址

位于南京市秦淮区中华门街道雨花路社区正学路 1 号，曾是中共南京地方组织革命斗争地。1865 年，清朝两江总督李鸿章创建金陵机器制造局（1929 年改名为金陵兵工厂）。1925 年，该厂工人参加五卅运动，抗议帝国主义在上海枪杀工人，支援南京和记洋行工人的反英斗争。1926 年，建立共产党和共青团组织，受中共南京地委领导。1948 年，该厂的共产党地下组织，为了配合解放战争的进行，和国民党反动派展开斗争。1949 年，中共地下组织领导成立厂工人纠察队，保护工厂，迎接南京解放。

民族军事工业摇篮——金陵兵工厂

1865年，李鸿章将苏州洋炮局迁至南京，创建金陵机器制造局。1929年改名为金陵兵工厂。

1925年，上海发生震惊中外的五卅惨案，金陵兵工厂的数百名工人参加了游行，支援反帝运动。

1926年，金陵兵工厂建立中共地下党组织，开展发展党员、收集情报、贴标语、发传单等一系列革命斗争活动。

1937年，八一三事变后，在日军的多次轰炸中，金陵兵工厂受损严重，被迫西迁重庆，抗战胜利后返回南京，改名第六四兵工厂。1947年，工厂党组织重新建立，当时为配合解放战争的进行，党员秘密开展革命活动，将收集到的工厂生产计划等机密情报向上级党组织报告。淮海战役期间，国民党决定将兵工厂向台湾搬迁。中共地下党员带领工人开展抵制搬迁的斗争活动，工厂被迫搬迁后，地下党员又联系进步的工友组成厂工人纠察队，保卫工厂，迎接解放。

1980年3月，工厂改名为南京晨光机器厂。2007年，金陵兵工厂旧址被打造为晨光1865文化创意产业园，对社会公众开放。

龙都烈士陵园

龙都烈士墓

位于南京市江宁区湖熟街道龙都社区陵园路，安葬了强博、刘鹤亭、李义之等革命烈士，占地面积 1600 平方米。1941 年 8 月，新四军在此成立江宁县抗日民主政府，领导江宁人民开展抗日斗争。1977 年，中共江宁县委、县政府修建龙都烈士墓园。烈士纪念碑位于墓园正中，碑上刻有“革命烈士永垂不朽”字样。

龙都烈士，永垂青史

抗日战争时期，从 1938 年 5 月起，新四军先遣支队和第一、第二支队相继进入江宁县境，先后在境内各区建立动员委员会和抗敌自卫委员会。1940 年 8 月，在江宁县东半部建立江(宁)溧(水)句(容)三县联合抗敌协会。1941 年 8 月，成立江宁县抗日民主政府，领导江宁人民开展抗日斗争。强博、刘鹤亭、李义之等地方武装同志在抗敌斗争中先后壮烈牺牲。

1977 年，江宁县为纪念抗日战争时期在龙都一带打游击而牺牲的强博等烈士，修建了龙都烈士墓并立碑。纪念碑后立 6 座单体烈士墓和 1 座 13 位烈士合葬墓。

2015 年，为纪念中国人民抗日战争暨世界反法西斯战争胜利 70 周年，江宁区对龙都烈士墓进行改造。之后增加安葬了柳光伟烈士、张耀华烈士、李应彪烈士。纪念碑更新成大理石，八角形平台的护栏更换成汉白玉，纪念碑后的烈士墓也重新立碑。截至 2015 年年底，龙都烈士墓有 9 座单体烈士墓和 1 座 13 位烈士合葬墓。

竹镇革命烈士陵园

竹镇革命烈士陵园

位于南京市六合区竹镇镇竹镇社区，安葬了抗日战争、解放战争、和平时期英勇牺牲的革命烈士。1940 年 1 月，新四军苏皖支队和第五支队在竹镇胜利会师后，并肩作战，连续击退进犯的日伪军。1940 年 4 月上旬，六合县抗日民主政府在竹镇成立，贺希明任县长，驻地在周何黄庄，组织广大人民群众进行抗日斗争，颁布减租减息等惠民政策。1979 年 4 月，原六合县竹镇公社革命委员会在赵家岗初建革命烈士纪念碑。

竹镇青山埋忠骨，六合山河念英魂

1939 年 4 月，中共中央做出了《关于建立皖东抗日根据地的指示》。随后，新四军多支支队到达六合竹镇等地开辟抗日根据地。

1940 年 1 月，中共皖东津浦路东省委宣布建立中共六合县工委(同时建立六合县抗日民主政府)，县委驻地竹镇。在当时抗日民主政府的领导下，新四军和游击队协同配合,英勇作战,一次又一次击败敌人,取得胜利。

1941 年 3 月，日寇调集一千多名日伪军，向新四军第五支队驻地竹镇疯狂扫荡，并在遭受重创后仓皇溃逃，此后又多次向竹镇发动进攻。在数场战斗中，“竹镇市抗日民主政府”首任市长武铁肩、竹镇区妇抗理事会理事长贺飞霞等多位竹镇英雄儿女英勇地献出了宝贵的生命。

目前，陵园共安葬了 220 余名烈士，其中可考姓名烈士 148 名，无名烈士近 80 名。

中山烈士陵园

中山烈士陵园纪念碑

位于南京市溧水区城区东郊的中山，安葬了抗日战争时期原散葬于全区各地的烈士遗骸。始建于1959年，占地面积5240平方米、保护范围面积71262平方米。陵园由烈士纪念碑、烈士碑亭、烈士墓群、革命烈士纪念馆四部分组成。纪念碑碑身正面刻有“死难烈士万岁”6个大字。纪念碑北侧建有烈士碑亭，刻有溧水区为革命光荣牺牲的烈士英名。西南侧建有烈士墓群，无名烈士墓区。纪念馆内展陈了溧水区不同时期烈士代表的生平简介和烈士遗物。

中山烈士永名扬

近代以来，溧水在各个历史时期，都涌现出无畏的英烈。从大革命时期到抗日战争、解放战争、抗美援朝战争、对越自卫反击战中，许多溧水儿女为了民族和人民解放，为了社会主义建设事业，献出了宝贵的生命。

据不完全统计，抗战期间，约有五六百人牺牲在溧水的战场中。为了纪念革命先烈，溧水县人民政府于1959年10月修建了中山烈士陵园。

陵园由纪念碑、烈士碑亭、烈士墓群、革命烈士纪念馆四部分组成。纪念碑始建于1959年，1984年重建，1995扩建。纪念碑的北侧，有烈士碑亭，刻有溧水县为革命光荣牺牲的401位烈士英名。西南侧建有烈士墓群，墓群由3个墓穴组成，同时将原散葬于全区各地15名抗战时期牺牲的烈士遗骸移至新墓安葬。墓上有新四军军徽"N4A"标志，墓前树立青石碑上刻烈士生平简介。2011年3月，又将存放在革命烈士纪念馆内的25名烈士骨灰进行统一安葬。2018年，溧水区在中山烈士陵园南侧建设了新墓区，为散落在乡野中的无名烈士坟墓定“身份”，将散落在乡野的无名烈士坟迁入陵园集中管理，为他们立碑，告慰英烈。

铜山战斗纪念广场

铜山战斗纪念广场

位于南京市溧水区晶桥镇铜山，为纪念苏南反顽战役而建。1943 年 4 月，新四军第十六旅在溧水地区进行的苏南反顽战役，给来犯之敌以沉重打击，保存了新四军第十六旅的主力，粉碎了顽军企图一举消灭苏南新四军的阴谋，有力配合了全国击退第三次反共高潮的斗争。苏南反顽战役的胜利，坚持了苏南抗日的基地，牵制了敌军的部分兵力，为全面展开抗日大反攻、取得抗战最后胜利做出了巨大贡献。

铜山埋忠骨，热血照千秋

1942 年冬，日伪军准备对苏中抗日根据地进行大规模扫荡。为了保存有生力量，上级决定派抗大九分校到苏南溧水地区开展军政训练。苏中党校校长刘季平带领党校学员与抗大九分校合并南下，于 1943 年 2 月中旬到达溧水晶桥镇一线。

新四军抗大的行动令日伪和国民党顽固派极为恐惧与不安。1943 年 4 月 12 日下午，顽军第五十二师冲到铜山脚下，以密集的火力疯狂扫射铜山阵地，向驻溧水、溧阳一带的新四军发动进攻，妄图制造第二个皖南事变，彻底消灭新四军。

面对顽军的嚣张气焰，溧水抗日军民予以坚决的回击。新四军第十六旅做出作战部署，抗大九分校奉命负责西线防卫，其中一大队守卫铜山。这是一场兵力悬殊的鏖战，汤万益带领的一大队仅 200 多人，只有两挺轻机枪。凭借着有利地形，汤万益和战友们奋勇反击，打光了子弹就将石头滚下山，多次打退敌人的进攻。是夜，一大队奉命撤出铜山，阵地由第四十七团一营接防。

此次战斗，我军以 60 多名指战员壮烈牺牲为代价，守住了阵地，为苏南反顽战役东线战斗的胜利赢得了宝贵时间。

抗大九分校旧址群

抗大九分校第一大队驻地旧址

位于南京市溧水区晶桥镇。1943 年 2 月下旬，为增强苏南抗日根据地开展对敌斗争的力量，抗大九分校从苏中地区渡江南下，到达溧水地区开展军政训练，整编为 3 个大队 10 个中队，加上校部和党训队，全校共 1200 人左右。在 1943 年 4 月 12 日至 15 日的苏南反顽战役中，抗大九分校全体指战员坚守阵地，英勇战斗，与新四军第十六旅一道，粉碎了国民党顽军妄图制造第二个皖南事变的阴谋，取得了苏南反顽战役的胜利。此役，抗大九分校牺牲 108 人。

抗大九分校成立后，一直处于战斗频繁、高度流动的情况。

1943 年 2 月下旬，为增强苏南抗日根据地开展对敌斗争的力量，抗大九分校从苏中地区渡江南下，到达溧水地区开展军政训练，全校共 1200 人左右。新四军第一师师长粟裕兼任校长，刘季平任副校长，杜屏任教育长，张崇文任政治部主任。

抗大九分校有着多方面的教学内容，在军事教育上，以毛泽东关于游击战术的论著为基本教材；在政治教育上，以《新民主主义论》和整风文献为主要教材，并学习中共党史、社会发展简史、哲学等马克思主义科学理论；在文化教育上，自编教材，以练习写作为主，学习语文、数学、历史、地理等学科的文化知识。

在 1943 年 4 月 12 日至 15 日的苏南反顽战役中，抗大九分校全体指战员坚守阵地，英勇战斗，与新四军第十六旅一道，粉碎了国民党顽军妄图制造第二个皖南事变的阴谋，取得了苏南反顽战役的胜利。此役，抗大九分校牺牲 108 人，为新四军突破顽军的包围，打开通向敌后的通道赢得了宝贵的时间。

苏南反顽战役后，抗大九分校撤离溧水。

东沟革命烈士陵园

东沟革命烈士纪念碑

位于南京市六合区龙袍街道东沟白马山，占地面积约600平方米。东沟战略地位十分重要，抗日战争时期在此发生过新四军淮南路东军分区独立四团三打东沟、东南支队围点打援等著名战斗，有力打击了敌人的嚣张气焰。2008年春，东沟镇人民政府选址风景秀丽的白马山，拨出专款重建烈士陵园，将东沟境内的革命烈士墓统一迁于烈士陵园安葬，以告慰英灵。

长塘营伏击战

1946年5月，驻六合县城国民党守军的一个加强连占领六合东沟并构建工事，作为控制沿江南圩地区的重要据点。新四军淮南军区司令员周骏鸣、政委肖望东等进行了缜密研究，决定采取“围点打援”的战术，迎头痛击来犯之敌。经过实地察看地形，最后选择横梁南边长塘营东南一带作为伏击点，命令独立四团围攻东沟，第六旅第十八团负责打击增援的敌人。

6月13日夜，独立四团向东沟之敌发起猛烈进攻，并掐断了敌人由东沟通往六合县城的电话线。是夜，驻六合县城的敌人为了解情况派出一支12人的武装电话班沿线检查，被第十八团三营一部全部生俘。天明后，敌人派第一七三团三营经王子庙向东沟紧急增援，在长塘营南边毫无戒备地闯入了我第十八团三营伏击圈的袋底。早已张弓待发的三营指战员见“猎物”进入“网中”，霎时枪炮声四起，弹如雨落，各种武器一齐射向敌人。经过激烈战斗，除当场死伤的敌人外，余下全部缴械投降。新四军取得了长塘营伏击战的胜利。

在此次战斗中，我军11名指战员壮烈牺牲。

革命事件类

梅庵

梅庵

位于玄武区四牌楼2号东南大学西北角。1916年为纪念两江师范学堂校长、中国现代高等师范教育的开拓者李瑞清（号梅庵），建屋3间，取名“梅庵”。1922年在此成立南京社会主义青年团。1923年在此召开中国社会主义青年团第二次全国代表大会，出席大会的代表有邓中夏、施存统、刘静仁、林育南、恽代英等30余人。

隐身校园的红色堡垒——梅庵

三间茅草房，百年红历史。始建于1916年的梅庵，这个外界眼中挥毫泼墨、抚琴吟唱的风雅之处，却是南京乃至全省最早传播马克思主义的基地。

1921年7月，少年中国学会第二届年会在梅庵召开，1922年5月5日，吴肃、侯曜等24名团员在梅庵开会，宣布南京社会主义青年团成立，这也是全国最早的15个地方团组织之一。

1923年8月，梅庵两次迎来重要的历史时刻——中国社会主义青年团第二次全国代表大会在这里召开。毛泽东以中共中央代表的身份全程参加会议，并在第一次会议上致祝词，在第四次会议上做报告，在闭会式上发表演说。这也是毛泽东唯一一次全程参与团的全国代表大会。瞿秋白、邓中夏、林育南、恽代英等30余人代表全国16个省30多个地方团组织的2000多名团员出席了大会。此次大会从政治方向、奋斗路径、工作方式等维度奠定了近百年来中国青年运动的基础与内涵。

穿越百年时光，如今的梅庵已成为东南大学校园中最有历史价值的红色地标，革命先辈的精神依然烛照着新时代的青年，激励他们勇负历史责任，在时代的浪潮中搏浪淘沙，在开拓进取中成就青春梦想。

九龙桥

1929 年的通济门外九龙桥

位于秦淮区东水关公园东侧，龙蟠中路西侧。是南京党史上四一〇反革命事件发生地之一。1927 年 4 月 10 日晚，中共南京地委在大纱帽巷 10 号召开紧急扩大会议，国民党江苏省党部中共党团书记侯绍裘、中共南京地委书记谢文锦等 11 人到会，研究应变措施和反蒋宣传等问题。因不慎泄密，敌人包围会场，10 人被捕，仅 1 人逃脱。狱中，国民党反动派对革命者用尽酷刑，最后将他们杀害，抛尸于九龙桥下。

血染秦淮九龙桥

1927年3月24日，国民革命军占领南京。4月6日，蒋介石以南京市公安局的名义，禁止革命团体和革命群众集会。

4月9日下午，听命于蒋介石的特务率领百余流氓闯入省、市党部肆意破坏，将文件财物抢劫一空，拘捕二十余人送入市公安局。

4月10日上午，数万市民聚集在南京公共体育场，声讨反革命分子的暴虐行为，要求蒋介石保护省市党部和总工会。下午5时许，百余流氓携武器冲入群众队伍，暴力清场，打死手无寸铁的群众数十人，打伤无数，场面惨不忍睹。

是夜11时，中共党团书记侯绍裘召集中共南京地委、省市党部和各革命团体负责人及共产党负责干部在大纱帽巷10号屋内召开紧急扩大会议，研究应对国民党右派的具体对策。会议持续到了次日凌晨2时，市公安局侦缉队队长带领便衣武装50多人破门而入，除刘少猷越墙脱险外，侯绍裘、谢文锦、刘重民、张应春、文化震、陈君起、梁永、谢曦等10人被当场逮捕。狱中，十人被施以酷刑，但始终宁死不屈。三天之后，蒋介石密令将10人全部杀害，遗体被运到通济门外九龙桥边，投入秦淮河中。

如今，九龙桥上的血迹虽早已无痕，但秦淮河水依旧悠悠流淌，无声地诉说着烈士的英勇事迹。

李巷

李氏宗祠

位于溧水区白马镇李巷村。李巷为当时苏南抗战的重要指挥中心。李巷红色遗址遗迹群包括李氏宗祠（溧水人民抗日斗争纪念馆、苏南党政军首脑机关驻地旧址）、陈毅暂住地旧址、李坚真居住地旧址、江渭清居住地旧址、钟国楚居住地旧址、梅章居住地旧址、地下交通总站旧址等。

红色李巷

南京市溧水区白马镇西南，有一片低山丘陵，这里山丘环绕，水系丰富，是打游击的好地方。

1938年4月28日，遵照毛泽东电令指示的行动方向，新四军东进苏南抵达溧水，建立根据地。1941年11月，新四军第十六旅旅部和苏皖区委机关转移来到李巷及周边地区，溧水成为中国共产党领导的苏南人民抗日斗争的重要指挥中心，也是新四军主力驻地。陈毅、李坚真、钟国楚、江渭清、钟国楚等新四军领导人住地旧址。沿着青石板路步入李巷深处，这里的一草一木都见证了那一段光荣的革命历史。

南京沦陷后，日、伪、顽三股势力在溧水形成犬牙交错之势，抗日军民腹背受敌，斗争激烈残酷。就是在这样的夹击下，1938年至1945年的7年间，新四军在李巷地区建立了指挥中心、训练班、兵工厂、被服厂、医院等组织体系，从事生活、生产、战斗、训练，还颁布了《苏南施政纲领》等一系列重要政策法令，开展了减租减息运动，各项工作进行得如火如荼，为苏南抗战做出了贡献。

呈村

呈村

呈村位于江宁区横溪街道许呈社区，是横山县抗日民主政府旧址所在地。1938 年 5 月，新四军先遣支队初进横山，粟裕司令员与政治部主任钟期光曾在此处住过；同年夏天，横山地区在各区都成立了抗日动员会。1941 年 8 月，横山县工委成立。1943 年，横山县抗日民主政府领导机关设在呈村。

1938年5月，新四军先遣支队初进横山，粟裕司令员与政治部主任钟期光曾在此处住过。1941年8月，成立横山县工委；1943年冬，江、当、溧三县行政委员会奉命改组，成立横山县抗日民主政府。抗日民主政府成立以后，积极宣传抗战，开展“二五减租”和借粮斗争，成立参政会。1944年6月，横山县在军事科下设横山县抗日自卫总队，统一领导全县抗日武装直至日本投降，横山县抗日自卫总队及所属民兵独立作战或配合主力部队作战100多次，毙伤敌军近千人，缴枪五六百支，拔除十多个日伪据点。

1945年8月15日，日本政府宣布无条件投降，苏南区党委根据党中央指示，决定于10月北撤。大部队北撤后，由横山县副县长刘杰枝任留守处主任兼武工队队长。留守人员在极其艰险的环境下，同国民党反动派进行了多种形式的艰苦斗争。

西舍

抗日英雄纪念碑

位于高淳区桠溪镇跃进村西舍自然村。1943年11月，中共苏皖区委决定建立溧高县抗日民主政府，扩大茅山抗日根据地，西舍村成了苏南抗战后期一个名副其实的红色堡垒。江渭清、王必成、叶飞、钟国楚等曾在此活动。1944年1月，在西舍成立高淳县抗日民主政府。现有溧高县抗日民主政府旧址、大会堂旧址、抗日英雄纪念碑等革命遗址。

红色堡垒——西舍

1943年11月下旬，新四军第十六旅取得溧高战役胜利后，中共苏皖区委决定在高淳、溧水、溧阳三县结合区建立溧高县抗日民主政府。1944年6月，为响应党中央“精兵简政”的号召，溧水、高淳两县县委、县政府合并，成立溧高县抗日民主政府。

溧高县抗日民主政府在西舍村成立后，为就近解决新四军战士武器维修和弹药供给问题，村里成立兵工厂，由村里民兵和新四军战士共同生产，对武器进行维护和零件更换，并制造手榴弹和地雷等，为新四军指战员在溧高县地区进行抗日做出很大贡献。溧高县抗日民主政府和新四军第十六旅合作，还在西舍和附近村庄开办了4个纺织厂，当时工人有100多人，织巾织布，专供新四军战士使用。

此外，从1943年9月苏皖区党委决定开辟溧高抗日游击根据地起，至1945年10月的两年时间里，西舍村一直是安兴区委、溧高县委，乃至苏南三地委活动的中心。他们在此地开展减租减息、扩武招兵、剿匪反霸等工作，将西舍村打造成了名副其实的“抗日红色堡垒”，在苏南抗日战争史上留下了浓墨重彩的一笔。

复成新村

复成新村10号

位于秦淮区洪武路街道申家巷社区马路街西侧。复成新村是二十世纪二三十年代始建的住宅区，因靠近复成桥得名，南京解放前中共南京市委秘密开会处的复成新村10号，就隐藏在其间。1948年12月，中共南京市委为了更好地与敌斗争，决定在“复成新村10号”建立一个新的秘密开会处。复成新村10号建筑，见证了南京解放前夕白色恐怖统治之下中共地下党坚持黎明之前最后一段斗争的光辉历史。

1948 年下半年，作为蒋家王朝统治中心的南京，陷入更加严重的白色恐怖之中，战场上的节节败退，使得国民党反动派在南京疯狂搜捕地下党员和革命群众。

1948 年 12 月，在南京城内坚持地下工作的中共南京市委为了更好地与敌斗争，决定在常府街附近当时门牌号为“复成新村 10 号”的房屋内建立一个新的秘密开会处。这里位置比较偏僻，开会时如遇紧急情况更容易安全撤离。

复成新村 10 号秘密开会处建立后，中共南京市委书记陈修良、副书记刘峰和委员朱启銮、王明远、陈慎言 5 人经常到这里碰头开会。重大事项的讨论、斗争策略的制订，市委 5 位成员都要到秘密开会处商讨决定。南京解放前几个月，中共南京市委积极发动党员群众，组织了工人自卫队，广泛开展反对搬迁并保护工厂、机关、学校、商店、仓库的斗争，有效阻止了国民党撤退时的破坏。渡江战役时动员大批船只到北岸迎接大军过江，同时采取多种形式广泛收集情报，策动国民党海陆空三军起义，为解放南京做出了卓越的贡献。

珍珠桥

珍珠桥旧影

位于南京市玄武区成贤街南段与太平北路连接路口西侧。1931 年 12 月 17 日，北平、天津、上海、济南、安庆等地赴南京请愿要求抗日的学生代表，同南京学生共一万余人，联合举行示威游行，愤怒的学生捣毁中央日报馆，把铅字、印模抛入珍珠河。国民党南京警备部队和警察前来镇压，重伤学生 30 余人，抓捕 60 余人，史称“珍珠桥惨案”。珍珠桥惨案激起了全国人民的愤慨，各地学生和爱国群众纷纷举行抗议活动，掀起了反对国民党统治、反对内战、要求抗日的高潮。

珍珠桥惨案

九一八事变后，国民政府推行不抵抗主义，全国各地学生代表纷纷组成示威团赴南京向国民政府示威抗议。1931 年 12 月 15 日，来自全国各地的学生代表和南京学生共 3 万多人向国民党中央党部示威，国民党出动军警镇压学生，5 名学生被捕，10 多名学生受伤。17 日上午 9 时，在南京的北平、天津、上海、武汉、广州、济南等地学生及南京各校学生共 1 万余人，再次举行声势浩大的联合总示威。国民党南京警备师二旅和反动警察对手无寸铁的学生进行血腥镇压，重伤学生 30 余人，抓捕 60 多人，共青团员杨同恒壮烈牺牲，这就是震惊全国的“珍珠桥惨案”。消息传出后，宋庆龄、鲁迅、沈钧儒等各界爱国人士纷纷谴责国民党当局的残暴行径，支持学生爱国行动。全国各地学生也极为愤怒，纷纷集会追悼死难者，举行示威罢课，声援南京的斗争，国民党当局被迫释放了全部被捕学生，京沪卫戍司令陈铭枢在报上向学生赔礼道歉。

珍珠桥惨案激起了全国人民的愤慨，各地学生和爱国群众纷纷举行抗议活动，掀起了反对国民党统治、反对内战、要求抗日的高潮。

共青团路

共青团路

位于南京市雨花台区雨花街道，雨花台烈士陵园的西侧，是全国第一条共青团路。1957 年 5 月，为纪念青年团第三次全国代表大会将中国新民主主义青年团更名为中国共产主义青年团这一重大历史事件，南京市共青团员在原花神庙土路基础上义务修筑共青团路，并在路边立了一座约 2 米高的青石筑路纪念碑，写有“共青团路”四个大字。

传承红色基因，让青春闪光

1957 年 5 月，在北京召开的中国新民主主义青年团第三次全国代表大会上，“中国新民主主义青年团”正式更名为“中国共产主义青年团”。为了纪念这一具有历史意义的更名，当时的白下团区委宣传部部长董克信提议发动全区团员、青年义务劳动，修筑一条道路。1957 年 5 月底，白下团区委即向全区团员、青年发出了“修筑共青团路”的倡议书，得到了全市机关单位、学校、商店等各行各业的团员、青年的积极响应。这次劳动没有任何报酬，团员和青年们都自带干粮、茶水和工具，然而大家都为能参加修筑共青团路而感到自豪。

从初夏到秋分，经过数以万计团员、青年的义务劳动，这条全长 3 公里的道路，终于在 1957 年国庆节前夕胜利竣工，并被正式命名为“共青团路”。

“共青团路”不仅是一条团员们齐心协力通过劳动筑就的道路，也是一条沉淀着许许多多团员青春回忆的道路，一条见证了共和国成立初期人民火一般建设热情的道路。

西山

西山

位于南京江北新区顶山街道临泉社区，是中共南京市第一次代表大会会址所在地。大革命失败之后，在白色恐怖的形势下，中共南京市第一次代表大会在浦厂边上的西山举行，会议决定响应上级要求开展武装斗争。西山见证了共产党人在逆境中的革命斗争，见证了参加中共南京市第一次代表大会的代表们的英勇往事。

扬帆起航
——中共南京市第一次党代会在西山召开

1927 年 12 月 4 日，中共南京市第一次代表大会在浦镇附近的小山上召开，出席会议的代表和市委委员共 25 人，会议由孙津川主持。

大会听取了党务报告，讨论了中共中央临时政治局扩大会议通过的《中国现状与共产党任务决议案》，并根据中共江苏省委关于组织全省暴动计划的紧急决议案，确定把武装暴动作为目前工作的重点。会议选举出吴雨铭、罗世藩、孙津川、宋震寰、苏爱吾、史砚芬、王澄、滕炳炎（何正泉）、杜秀山、陈凤彩、路大奎、杨明清、丁发武、王崇典、周长福、孙长植、李鸿宴等 13 名中共南京市委委员和 4 名候补委员。吴雨铭为市委书记，罗世藩为组织委员，孙津川为职工委员，宋震寰为农运委员，苏爱吾为军事委员，史砚芬兼团市委书记。

横山

横山

位于南京市江宁区横溪街道、禄口街道，跨苏皖省界。1938年，新四军第一支队进入横山地区，开辟江(宁)当(涂)溧(水)抗日革命根据地，与日伪军展开作战，指挥部设在横山村上庄自然村。1943年冬，横山县抗日民主政府成立，领导开展革命斗争。现有一批红色革命旧址，有横山县抗日民主政府旧址；新四军第一支队指挥部旧址；粟裕、钟期光居住地旧址；新四军先遣支队抗战指挥部旧址；横山烈士纪念碑、纪念馆等，它们共同见证了中国共产党和新四军抗日斗争的峥嵘岁月。

新四军在江苏的第一个抗日根据地——横山

横山是中共在江宁地区建立的第一个抗日根据地，也是江苏的第一个革命根据地——江（宁）当（涂）溧（水）抗日根据地。1938 年 5 月，粟裕司令员及钟期光主任率新四军先遣支队司令部及直属部队 128 人到达横山地区的业家庄。当地百姓热烈欢迎新四军，发动抗日爱国捐献。

根据地军民在党的领导下，同仇敌忾抗日寇，众志成城御国耻。敌方将根据地视为眼中钉、肉中刺，处心积虑地妄图扼杀。1940 年 8 月 2 日，日伪顽敌狼狈为奸，趁我根据地新四军主力挥师北上进军苏中之际，煽动纠结地方反动组织制造了“横山事变”。新四军第三团王伟等 10 名战士在突围时惨遭敌人杀害。

“横山事变”后，江宁、当涂、句容、溧水中心县委派员重返横山，恢复党的组织工作。1941 年 8 月，横山县工委成立。1943 年，横山抗日民主政府指挥机关设在呈村，继续领导抗日，打击日本侵略者，为新四军北上经营华中抗日根据地，赢得抗日战争的最后胜利做出了重要贡献。

革命人物类

张闻天陈列馆

张闻天陈列馆

位于鼓楼区西康路1号河海大学档案馆内。张闻天，1917年考入河海工程专门学校（河海大学前身）。1925年6月加入中国共产党。他积极参加游行、演讲，是该校最活跃的学生之一。1919年6月，《南京学生联合会日刊》创刊，他不仅是编辑科科员，也是主要撰稿人之一。8月，他在该刊对《共产党宣言》进行宣传、介绍，成为南京地区传播马克思主义的第一人。河海大学为纪念这位伟大的马克思主义者和杰出校友，激励青年学子发奋读书，实现老一辈革命家的强国之梦，经中共中央宣传部批准，于1985年9月建立张闻天陈列室。2005年，重新装修的“张闻天陈列室”改为“张闻天陈列馆”。

中共早期主要领导人之一——张闻天

1917 年，17 岁的张闻天考入南京河海工程专门学校（今河海大学）。该校是张闻天与旧思想决裂形成新思想的起始之地。

1925 年，张闻天受党委派前往苏联学习，1930 年回国，在上海中共中央机关工作。1933 年，他随中共中央机关进入江西中央革命根据地，在中共六届五中全会上当选为中央政治局委员、中央书记处书记。1934 年 10 月，张闻天随中央红军参加长征，途中出席遵义会议，在会上对确立毛泽东的领导地位起了重要作用，被推举为党中央“总负责”。新中国成立后，张闻天先后担任外交部副部长、中央政治局候补委员等职。1976 年 7 月 1 日，张闻天在江苏无锡病逝。

张闻天是杰出的无产阶级革命家、政治家和理论家、忠诚的马克思主义者、在一个相当长的时期内担任党的重要领导人。他在中国人民进行新民主主义革命、社会主义革命和建设的半个多世纪中，始终奋斗不息，他无私奉献的精神和坚持真理的优秀品德赢得了广大党员和群众的尊敬和思念。

恽代英烈士殉难处

恽代英烈士塑像

位于建邺区茶亭东街242号，原国民党中央军人监狱旧址。恽代英，无产阶级革命家，中国共产党早期青年运动领导人之一。1921年加入中国共产党。1927年，在中国共产党第五次全国代表大会上当选为中央委员。1928年后，在党中央宣传部工作。1930年在上海被捕，1931年转押南京江东门中央军人监狱。因叛徒顾顺章出卖，恽代英真实身份暴露，同年4月29日惨遭杀害，时年36岁。

“为了新中国，我愿化身磷火发出更多光和热”

恽代英，1895 年 8 月 12 日出生于湖北武昌一个官僚家庭，原籍江苏武进，1915 年参加新文化运动，1921 年加入中国共产党。在中国共产党第五次全国代表大会上，恽代英当选为中央委员，先后参加南昌起义和广州起义。

恽代英是敌人切齿痛恨的共产党人之一，早在黄埔军校，便被蒋介石认为是“黄埔四凶”之一，把他作为重点搜捕对象。1930 年 5 月 6 日，化名王作霖的恽代英在上海被国民党当局逮捕，后转押至江东门的国民党中央军人监狱。因叛徒顾顺章出卖，恽代英的真实身份暴露。面对敌人的严刑逼供，恽代英慷慨陈词：“为了新中国，我愿化身磷火发出更多的热和光。我希望它燃烧起来，烧掉古老的中国，诞生一个新中国。”

1931 年 4 月 29 日，恽代英在国民党中央军人监狱惨遭杀害。

一代英豪、南昌和广州起义领导人之一、中国青年的领袖和导师恽代英就义前留下感人肺腑的诗篇：“浪迹江湖忆旧游，故人生死各千秋。已摈忧患寻常事，留得豪情作楚囚。”

邓子恢居住地旧址

邓子恢居住地旧址

位于南京市六合区竹镇镇竹镇社区东后街119-1号。占地面积135.6平方米。邓子恢，又名绍箕，福建龙岩人，是闽西革命根据地和苏区的主要创建者和卓越的领导人之一。该旧居坐北朝南，庭院内前东西厢房各一间，后有瓦房三间，是邓子恢在抗日战争期间任新四军津浦路东各县联防办事处主任时的办公地点和居住地。1939年，新四军东进淮南以后，邓子恢住进这座前后两进的小四合院，联防办副主任方毅和邓子恢同住在小院内。

波澜壮阔的革命一生——邓子恢

邓子恢，原名绍箕，东肖镇邓厝村人，1896 年 8 月 17 日生。1923 年 9 月，创办《岩声》报，传播马克思主义。1926 年 12 月，在江西崇义加入中国共产党。

1938 年 3 月，与张鼎丞、谭震林率领由闽西南红军改编的新四军第二支队，离开龙岩开赴苏皖抗日前线，任新四军政治部副主任。

1939 年，新四军东进淮南以后，津浦路东各县联防办事处主任邓子恢、副主任方毅住进六合区竹镇社区东后街 119–1 号前后两进的小四合院，继续带领新四军进行艰苦卓绝的抗日战争。

新中国成立后，邓子恢任中南军政委员会第一副主席，1953 年 2 月任中共中央农村工作部部长。1954 年 9 月，任国务院副总理。1964 年 12 月至 1972 年，任政协全国委员会副主席。曾当选为中国共产党第七、八、九届中央委员。

1972 年 12 月 10 日，邓子恢因病在北京逝世。

皖南事变三烈士墓

皖南事变三烈士墓

位于南京市雨花台区花神大道雨花功德园内，占地面积约 10000 平方米。1941 年 1 月，皖南事变中，新四军副军长项英、副参谋长周子昆、政治部主任袁国平先后遇害、牺牲，他们的遗体当年被就地掩埋。1955 年，华东军区将项英、周子昆、袁国平的遗骸迁葬于雨花台陵园西南的望江矶，时称三将军墓。1982 年改称三烈士墓。

皖南事变三烈士永垂青史

1941 年 1 月 4 日，新四军军部及所属皖南部队约 9000 人，遵照国民党军事当局的命令向北转移。两天后到达泾县茂林地区时，突遭国民党顽固派预先埋伏的 8 万余人的伏击和围攻。虽然双方兵力悬殊较大，但新四军英勇拼杀，血战 7 昼夜，终因弹尽粮绝，大部分被俘、牺牲或失散，突围出去的仅有 2000 余人。

在国民党顽固派制造的皖南事变中，新四军副军长项英、副参谋长周子昆被叛徒杀害，政治部主任袁国平在茂林战斗英勇牺牲，他们的遗体当年被就地掩埋。

1952 年，华东军区政治部派专员赴泾县，在当地党政机关和人民群众的配合下，找到了烈士遗骸。1955 年 6 月，华东军区将项英、周子昆、袁国平的遗骸迁葬于雨花台陵园西南的望江矶花神庙社区雨花功德园内，时称“三将军墓”，以志纪念。1982 年改称三烈士墓。

三烈士墓环境优美，气势开阔，置身其间，令人顿生庄严肃穆之感。

邓仲铭殉难处

邓仲铭殉难处纪念碑

位于南京市江宁区禄口街道黄桥社区冯潭庄村西。邓仲铭，原名振询，又名重民，江西兴国人。1927 年参加当地农民运动，1929 年 2 月加入中国共产党，经历二万五千里长征。1940 年 3 月，邓仲铭调任中共苏皖区党委书记。1943 年 7 月，邓仲铭率新四军第六师第十六旅第四十六团赴江宁、当涂、溧水地区指导工作、领导斗争。8 月，因遇敌情，夜渡秦淮河时，邓仲铭不幸落水，牺牲于高桥渡口。1981 年 8 月，为纪念邓仲铭烈士牺牲 38 周年，建邓仲铭同志殉难处大理石纪念碑，同时，在秦淮河上架设了一座拱形桥，命名为“重民桥”。

英年早逝——邓仲铭

邓仲铭（1904—1943 年），江西省兴国县人。1927 年参加农民运动，是兴国暴动的领导人之一，1929 年转入中国共产党。先后在兴国县、江西省、中华苏维埃中央政府及红军等部门任要职。

全面抗战爆发后，1938 年 5 月，中国共产党领导的新四军抗日先遣支队及主力部队先后进入横山，点燃了江宁的抗日烽火。1943 年 7 月，邓仲铭率新四军六师第十六旅第四十六团赴江宁、当涂、溧水地区指导工作。8 月 3 日，宿营在江宁县禄口乡冯潭庄时遭遇敌情，当晚部队必须立即转移，夜渡秦淮河支流横溪河时，邓仲铭不幸落水牺牲，年仅 39 岁。

1981 年 8 月，江宁人民为纪念邓仲铭烈士，在烈士牺牲处的横溪河上建起“重民桥”。1983 年 6 月，中共江宁县委、县政府将竹山公园改建为烈士陵园，在半山处建仲铭亭。亭内立汉白玉纪念碑，正面刻有“邓仲铭烈士碑”，以示缅怀烈士之情。

王荷波纪念馆

王荷波纪念馆

位于南京市浦口区行知教育基地内，集中展示了王荷波英勇斗争、忠诚履职、严于律己的革命生涯和中国共产党以廉洁凝聚力量、以纪律纯洁队伍、坚定不移致力于党风廉政建设的伟大历程。2012 年 7 月，南京市纪委、市监察局联合浦口区委区政府以王荷波同志在浦口的革命斗争历程为切入点，以其追求真理、坚定信仰、勇于担当、清正廉洁的“品重柱石”精神为着力点，建成王荷波纪念馆，倾力打造加强党风廉政建设、提升廉政文化正能量的特色名片。

品重柱石

——首任中共中央监察委员会主席王荷波

王荷波系福州人，出生于1882年。是中国共产党早期领导人之一、中国工人运动的杰出先驱、首任中共中央监察委员会主席。

1918年王荷波辗转至南京浦镇机厂做工，1921年3月在南京浦镇机厂领导成立了中华工会，被选为工会会长。

1922年夏加入中国共产党。是年秋，创建南京地区第一个党组织——浦镇党小组；1923年1月底，代表津浦路铁路总工会筹备组到郑州出席京汉铁路总工会成立大会，随后组织著名的津浦铁路沿线工人举行罢工，有力地支援了京汉铁路工人的二七大罢工。1927年春参与组织领导上海工人第二、第三次武装起义。是年，王荷波在中共五大当选为中央监察委员会主席。1927年10月，由于叛徒出卖，王荷波在北京被军阀逮捕。在狱中，他受尽酷刑，仍坚贞不屈，11月11日在北京英勇就义，时年45岁。

王荷波从参加革命到英勇牺牲共11年的时间里，有7年是在南京浦口。他在创建与领导南京浦镇机厂中华工会和第一个党小组期间，深受工人兄弟的敬爱。在他40寿辰那天，工人们送他一块油漆木匾，上面写着“品重柱石”四个大字，盛赞王荷波的风格精神。

基础设施类

南京长江大桥

南京长江大桥

位于南京市鼓楼区（原下关域内）和江北新区之间。是长江上第一座由我国自行设计、建造的双层式铁路、公路两用大桥。公路桥长 4589 米，铁路桥长 6772 米。1960 年开工，1968 年建成通车。南京长江大桥在中国桥梁史和世界桥梁史上具有重要意义，是中国经济建设的重要成就、中国桥梁建设的重要里程碑，具有极大的经济意义、政治意义和战略意义，有“争气桥”之称。它不仅是新中国技术成就与现代化的象征，更承载了中国几代人的特殊情感与记忆。

新中国的第一座“争气桥”——南京长江大桥

随着 1957 年苏联援华项目之一武汉长江大桥建成通车，在南京交通要塞城北的长江上架桥成了广大人民的迫切愿望。但在此时，中苏两国发生了政治分歧，苏联单方面撤走了在华的桥梁专家和研究人员。

1960 年，我国建桥大军决定依靠自己的聪明才智，自力更生，自行设计，兴建一座铁路、公路两用的特大双层钢桁梁桥——南京长江大桥。

大桥选址在位于南京市下关（现并入鼓楼区）和浦口（现江北新区）之间，1960 年 1 月动工兴建，1968 年 9 月 30 日和 12 月 29 日铁路桥与公路桥先后竣工，分别正式通车。从此大江南北“天堑变通途”。

建成后的南京长江大桥是华东交通的关键工程，上层为路宽 15 米、全长 4589 米的四车道公路桥，下层为宽 14 米、全长 6772 米的双轨复线铁路桥，连接津浦铁路与沪宁铁路，使中国交通大动脉京沪铁路得以贯通，是南北交通要津和命脉。

这座举世闻名的长江大桥，是第一座完全由中国设计建造的特大型桥梁，因而在中国桥梁史上具有重要意义。它不仅是一座沟通大江南北的交通桥，更是一座显示中国人民聪明才智和艰苦奋斗精神的“政治桥”“争气桥”。